NILPFERD LESESPASS

Du bist mein bester Freund!

Béatrice Rouer · Rosy

PICUS VERLAG

Für Patrice

Oliver ist ein Nerv-Töter:
Er läßt mich nicht in Ruhe!
Ständig legt er seinen Arm um mich,
ruft mich »Liebling« und versucht mich
zu küssen.

Meine Freundin Jennifer findet das auch
noch komisch und sagt:
»Oliver ist in dich verliebt!«
Aber ich will keinen Verliebten.
Jedenfalls nicht so einen.
Der ist ja doch nur ein Angeber.

»Du spinnst,« sagt Jennifer, »es ist
doch gut, Verliebte zu haben. Und
übrigens sind alle Freunde von Oliver
ohnehin in mich verliebt.«
»Stimmt nicht!« rufe ich.
»Stimmt doch!«
»Du bist eine dumme Lügnerin und
außerdem eine Angeberin!«

»Selber Angeberin!«
Natürlich konnten wir nach diesem
Streit keine Freundinnen mehr sein. . .
Das war gar nicht gut, denn an diesem
Nachmittag machte unsere Klasse einen
Ausflug in den Zirkus.
Und da wir nicht mehr Freundinnen
waren, setzte sich Jennifer im Autobus
auch nicht neben mich.
Oliver hat sich diese Gelegenheit
natürlich nicht entgehen lassen und saß
schon neben mir. Er hörte nicht auf,
Grimassen zu schneiden und mich
»Herzchen« und »Liebling« zu nennen,
bloß um sich wichtig zu machen.

Er hörte auch nicht auf, als wir schon
im Zirkus waren.
Es war entsetzlich. Aber ich traute mich
nicht, ihm etwas zu sagen, weil er der
Neffe unserer Lehrerin ist.
Und dann begann die Vorstellung.

Keiner sprach ein Wort.
Da waren fünf wilde Löwen, denen es
nicht gelang, den Dompteur zu fressen,
ein Affe auf einem Dreirad und sogar
ein dressierter Floh, den der Clown

in den Haaren der Frau Lehrerin
entdeckte.
Es war wirklich ein toller Zirkus, und
am Ende haben alle begeistert
geklatscht.

Alle, außer, natürlich, Herrn Oliver!
Er fand es besonders witzig, den Affen
nachzumachen, um mich zum Lachen zu
bringen. Dann tat er so, als würde er
in meinen Haaren nach einem Floh
suchen.
Aber ich rief: »Hör auf, du gehst mir
auf die Nerven,« und gab ihm einen Stoß.

Und dann kam ich auf die Idee, diesen
Nerv-Töter selbst zu ärgern. Damit er
einmal merkt, wie das ist, wenn man
nicht in Ruhe gelassen wird.
Er rieb sich gerade das Kinn wie ein
Affe und quietschte dabei ganz
eigenartig.
Da rief ich: »Da, schau, du Affe!
Hinter den Kulissen ist ein Clown,
der Schokolade verteilt. Lauf hin
und bring mir auch eine mit!«
Zwei Sekunden später war Oliver in den
hintersten Winkel des Zirkuszelts
gelaufen...

Inzwischen waren die anderen aus
unserer Klasse schon in den Autobus
gestiegen.

»Beeilt euch, wir sind schon spät
dran!« ermahnte die Frau Lehrerin.

Aber Oliver beeilte sich gar nicht.

Er kam sogar überhaupt nicht zurück!

Was konnte er nur so lange machen?

Der Autobus war schon voll mit
Kindern, da fragte die Frau Lehrerin:
»Sind alle da?«

Ich war hinter einem Zirkuswagen
versteckt und beobachtete alles. Ich
war etwas beunruhigt. Was sollte ich
tun? Ich konnte Oliver schließlich
nicht alleine lassen...

Während ich so nachdachte, schlossen
sich die Türen des Busses mit einem
großen »Pffft« und er fuhr los. Ohne
uns!

Ich überlegte: »Keine Panik! Wir werden
schon irgendwie nach Hause kommen,
Oliver und ich. Wenn ich ihn nur erst
wieder gefunden habe...«

Zuerst ging ich nach hinten, zu den
Kulissen, wo ich Oliver hingeschickt
hatte. Dort stand allerlei herum,
Reifen und Kegel und Trommeln...

Da war sogar eine große Zauberkiste.
So eine, mit der man Frauen zersägt.

Da bekam ich plötzlich Angst:
»Und wenn Oliver auch in Stücke zersägt
ist?«
Ich traute mich gar nicht hinzusehen,
als ich den Deckel öffnete. Doch dann
blickte ich vorsichtig hinein...
Sie war zum Glück leer.
Das hätte mir gerade noch gefehlt, der
Neffe der Lehrerin in Stücke
geschnitten!

Hinter den Kulissen gab es eine Menagerie. Das sind die Käfige mit den Tieren. Darunter waren natürlich auch die Löwen! Ich ging ganz vorsichtig auf sie zu. Sie schliefen fest, wie nach einem guten Essen. In den Käfigen lagen noch einige abgenagte Knochen herum...

Da kam mir eine gräßliche Idee, die
mein Blut zum Stocken brachte: »Haben
vielleicht die wilden Löwen Oliver
gefressen?«
Starr vor Schreck blieb ich vor diesen
Raubtieren stehen, die womöglich gerade
meinen Schulkollegen verdauten.

Plötzlich spürte ich etwas auf meiner
Schulter. Ich stieß einen Schrei aus
und drehte mich um: Es war Oliver!
Bevor ich etwas sagen konnte, fing er
an zu heulen:

»Ulli, wir sind ganz allein. Man hat
uns verlassen. Ich habe eine Stunde nach
dem Clown gesucht. Und als ich ihn
gefunden hatte, sagte er mir,

daß er keine Schokolade hat.
Und jetzt ist der Autobus mit der ganzen
Klasse auch weg...«

»Aber Oliver,« beruhigte ich ihn, »das
ist doch nicht schlimm. Vielleicht kann

uns jemand ein Kamel oder einen Elefanten
borgen, zum nach Hause reiten...«

Da hörten wir ein lautes Gehupe.
Es war der Schulbus!

Die Lehrerin sagte:
»Ulli, Oliver, da seid ihr ja endlich!
Mir ist zu spät aufgefallen, daß wir
euch vergessen haben!«

Sie war ein bißchen gereizt, aber
sicher auch froh, daß sie uns lebend
wieder hatte. Ein Zirkus ist ja
gefährlich...

Alles war wieder gut. Ich war so froh,
daß ich Olivers Hand ganz fest hielt.
Ich glaube, das freute ihn: er lächelte
mich unentwegt an. Eigentlich ist er ja
sehr nett...
Es wäre schade um ihn gewesen, wenn ihn
die Löwen verspeist hätten!
Seit damals versucht er übrigens nicht
mehr, mir auf die Nerven zu gehen. Wir
sind jetzt richtige Freunde geworden.

Manchmal nimmt er mich an der Hand.
Und ich finde das ganz in Ordnung.

Denn schließlich ist Oliver jetzt mein
bester Freund!
Und außerdem ist er der Neffe der
Lehrerin...

BARBARA DE NEGRONI

Sie ist Philosophie-Professorin in Paris. Sie hat zahlreiche Aufsätze, Forschungsberichte und Studien veröffentlicht, die ihre beiden Kinder Charlotte und Gabriel überhaupt nicht lustig finden.
Deshalb hat sie ihnen schließlich einige sehr lustige Geschichten geschrieben.

NADINE SOUBROUILLARD

Sie hat auf der Hochschule für angewandte Kunst in Strasbourg (Frankreich) Illustration studiert und dann für die Werbung gearbeitet. Sie illustriert aber lieber Kinderbücher und erfindet Zauber-Geschichten für ihre kleine Tochter, mit der sie in Strasbourg lebt.